Heinz-Georg Günther

Löffel

schneiden nicht

Alltägliches und Anderes –
satirisch angespitzt

Bibliografische Information der Deutschen Nationalbibliothek: Die Deutsche Nationalbibliothek verzeichnet diese Publikation in der Deutschen Nationalbibliografie; detaillierte bibliografische Daten sind im Internet über www.dnb.de abrufbar.

Impressum
Löffel schneiden nicht
von Heinz-Georg Günther (Autor)
Preis 6,99 Euro
1. Auflage
Copyright: © 2019 Heinz-Georg Günther
Coverdesign: Wolfgang Tottleben
Herstellung und Verlag: BoD – Books on Demand, Norderstedt
ISBN: 978-3-748-19330-2

Inhaltsverzeichnis

ALLTÄGLICHKEITEN,

SATIRISCH ANGESPITZT

„Mühlhäuser Allerlei"

Das Auto darf jetzt kurz verschnaufen.
Die Frau will schnell mal etwas kaufen.
Zum Weiterfahren stets bereit,
der Knöllchenmann der ist nicht weit.

Auf den Verkehr muss man nicht achten
und kann die Leute mal betrachten.
Was da alles läuft vorbei,
das ist Mühlhausen's Allerlei.

Ein Muskelprotz stark tätowiert,
läuft ständig rum in dem Geviert.
Dann kommen an mit Rollatoren
die etwas älteren Senioren.

Doch Senioren gibt es auch
in Adidas und ohne Bauch.
Elastisch kommen sie daher,
als wenn das Alter gar nichts wär.

Jetzt kommt was Junges angequollen,
um den Körper lauter Rollen.
Das schwabbelt um die Hüften rum.
Die Beine die haut keiner um.

Ein Kinderwagen, ringsum Rauch,
die Frau schiebt ihn mit ihrem Bauch.
Die Zigarette dauernd quälen,
dazwischen noch am Handy wählen.

Das Kind mit Schnuller ruhig gestellt,
das ist so dieser Muttis Welt.

Dazwischen gut gestylte Damen.
Die Highheels sprengen jeden Rahmen.
Sie kippeln auf dem Holperpflaster,
immer Angst vor dem Desaster.

Knapp geschnitten ist der Dress,
die Blicke selbstbewusst und kess.
Die Brüste quetschen oben aus,
als wollten sie zum Ausschnitt raus.

Heran naht nun mit feinem Tuch,
ein Mann wie aus dem Bilderbuch.
Im Anzug, Schlips und weißem Hemd,
die Mappe untern Arm geklemmt.
Meister Wichtig könnt man sagen.
Nach der Mission kann man nicht fragen.

Der Nächste rennt nun schnell vorbei
dem Mühlhäuser Allerlei.
Jack Wolfskin's Tatzen auf der Jacke,
läuft er im Sonnenlicht Attacke.
Die Schuhe mit den weißen Sohlen,
die hat die Werbung ihm empfohlen.

Glatzköpfig und mit feistem Nacken,
breite Schultern, Lederjacken,
kommen zwei Gestalten an.
Jeder zeigt, was er so kann.

Der Body spannt sich muskulär.
Wer was will, der komme her!

Ein schlanker Jüngling zeigt sich jetzt.
Er wirkt ein wenig wie gehetzt.
Die Spannung im Gesicht geschrieben.
Er scheint von irgendwas getrieben.

Die Frau kommt vollgepackt herbei.
Die Wartezeit ist nun vorbei.
Interessant war es zu seh'n,
was alles so für Leute geh'n.

Mühlhäuser Rotlichtmilieu

Im Rennen um die Rotlichtstadt,
wer wohl die Nase vorne hat?
Na Hamburg - klarer Favorit,
da kommt Mühlhausen doch nicht mit.

Wir wollen das mal untersuchen,
und Punkte für Mühlhausen buchen.
Bevor du fährst auf Einkaufstour,
zähl die Zahl der Ampeln nur.

Mal sind es sechs, mal sind es acht.
An jeder wird ja Halt gemacht.
Dann kommt das unerbittlich Rot.
Das macht die Autoseele tot.

Wir haben Köpfe noch so helle.
Sie scheitern an der grünen Welle.
Ist Sabotage hier im Spiele?
Dafür gäb es viele Ziele.

Hier wird sich oftmals duelliert.
Wer fährt als Erster, wer verliert?
Das muntert manche Menschen auf.
Der Ampelkönig stets gut drauf.

Beim nächsten Rot voll auf die Eisen,
danach will ich es euch beweisen,
dass ich doch der Schnellste bin.
Die Pferdestärken machen Sinn.

Da wär auch noch die Stadtverwaltung,
mit Einfluss auf die Ampelschaltung.
Endlich bleibt jetzt jeder stehn,
die Altstadt sich mal anzusehn.

An alt Gemäuer gibt es viel
und Häuser, die im Jugendstil.
So kommen auch Kulturbanausen
in solch Genuss bei vielen Pausen.

Beim nächsten roten Ampelhalt,
Töne voller Urgewalt.
Von hinten tönt es wumm wumm wumm.
Das bringt doch die Insassen um.

Auch der Chefgorillamann
zeigt seine Dominanz so an.
Mit dumpfen Schlägen auf die Brust
dröhnt es im Walde voller Lust.

An diesem Beispiel merkt man wieder,
was Darwin schon schrieb für uns nieder.
Nun muss es auch der Letzte raffen.
Der Mensch stammt ab direkt vom Affen.

Nun ist klar, wer sabotiert
und am Rotlicht interessiert.
Mühlhausen ist die Nummer eins!
So viel Rot hat Hamburg keins!

Hundespaziergang

„Das Wetter sieht ja scheußlich aus.
Wer geht denn mit dem Hunde raus?"
„Komm her, lass mich das heute machen.
Ich hab doch feste Regensachen."

Ein Stückchen weg von dieser Stadt,
bis frei Natur man um sich hat.
Dort trifft man öfter schon Bekannte,
so gut als wären's Anverwandte.

„Hallo Herr Meier heut im Regen?"
„Egal wir müssen uns bewegen!"
„Wie geht's denn Hundi's wunden Pfoten
und kann er wieder richtig koten?"

„Dank schwarzer Salbe geht es fein.
Der Doktor wollt' nen großen Schein.
Mein Hund, der ist mir lieb und teuer.
Die Preise doch sind ungeheuer.

Hundert Euro für die Leine.
Hausrabatte gab es keine.
Die ist aus reinem Büffelleder!
Sowas hat halt auch nicht jeder."

Die Hunde haben sich beschnüffelt
und wir haben uns ausgerüffelt.
„Tschüß dann bis zum nächsten Mal,
bis wir uns treffen wieder mal."

Der Regen, der ist gleich vorbei.
Da hinten wird es wolkenfrei.
Der Luchs hält inne, schaut voran.
Das nächste Treffen bahnt sich an,

denn einer Dame läuft voraus,
ein kleines Etwas mit Gebraus.
Der Zwergbulldogge breite Brust
prallt auf mit ganzer Lebenslust.

Voll auf den Luchs, mir wird schon bange.
Sie kennen sich jedoch schon lange,
so dass die kleine Neckerei
ohne Konflikt ist schon vorbei.

„Komm Luchs wir wollen weitergeh'n".
Das Wetter ist jetzt wunderschön.
Nun geht es auf dem Weg zurück.
Zu Hause wartet Hundeglück.

Ein Napf voll Hundeköstlichkeiten
soll nach dem Mahl den Schlaf bereiten.
Ausgetobt und sattgefressen
läßt um sich rum alles vergessen.

Die Einladung

Es laden uns die Neumann's ein,
am Sonntag mal ihr Gast zu sein.
Das überrascht uns wirklich sehr,
denn sowas gab's schon lang nicht mehr.

Der Sonntagabend naht heran.
Wir klingeln bei den Neumann's dann.
„Hallo, so lange nicht getroffen!"
„Die Tür steht euch doch immer offen!

Wir haben grade renoviert.
Ein Designer hat's kreiert.
Es mußte mal was Neues her.
Wie's war gefiel uns gar nicht mehr."

Die Wände wechselnd grün und blau,
und neue Möbel ganz in Grau.
„Kommt auf die Terrasse raus!
Der alte Garten war ein Graus.

Ein Gärtner hat ihn projektiert
und frisches Grün dann neu platziert.

Der Rollrasen wird jetzt umgeben
vom Staudengarten gleich daneben.
Dahinter hohe Koniferen,
die den Blick von außen wehren"

„Das alles ist so wunderschön.
Man kann sich gar nicht satt dran seh'n."
„Setzt euch und macht's euch gemütlich
und tut euch an dem Grillfleisch gütlich!

Der neue Grill der macht's perfekt.
Wir hoffen, dass es euch gut schmeckt.
Danach Bordeaux, der passt dazu,
bestellt in Frankreich, kam im nu."

„Dieser tolle Spitzenwein
soll jetzt der krönend Abschluss sein.
Es wird jetzt Zeit für uns zu geh'n,
bis wir uns einmal wieder seh'n."

Und dann zu Hause angekommen,
vom Eindruck noch etwas benommen.
Wann laden **wir** die Neumanns ein?
Ich glaub, wir lassen's lieber sein.

Der Millionengewinn

Der Mensch kennt viele schöne Spiele.
Die meisten davon kennen viele.
Manche spielt man auf dem Brett,
auch die mit Karten sind ganz nett.

Ein Spiel spielt eine Spitzenrolle.
Es ist das höchst Gedankenvolle.
Gedankenspiel so nennt man es,
der Hauptinhalt Phantastisches.

Die Vorstellung man hat viel Geld.
Was macht man damit auf der Welt?
Zuerst da baut man sich ein Haus.
Wo soll es steh'n, wie sieht es aus?

Am Waldesrand mit Blick aufs Tal.
In dieser Zeit ist das fatal.
Und sind wir mal ganz ehrlich,
bedenklich, ja sogar gefährlich.

Allein und ohne Nachbarn sein,
lädt Einbrecher und Diebe ein.
Aber in der Ortschaft dann
gibt's auch Konflikte dann und wann.

Was schreiben die Behörden vor,
und welcher Nachbar klopft ans Tor?
Ach wenn wir doch nur Schweden wären,
dann wär's ne Insel in den Schären.

Doch schon vergessen in der Schnelle,
da fehlt das Infrastrukturelle.
Für Leute, die mit dem viel Geld,
da gibt es eine extra Welt.

Am Vierteleingang steht ein Mann,
der schaut sich die Besucher an.
Sie müssen angemeldet sein,
erst dann lass ich sie hier herein.

Umzäuntes Viertel, welch ein Graus,
die Freiheit sieht doch anders aus.
Erst mal bleib ich, wo ich bin,
in meinem kleinen Häuschen drin.

Da war's doch bisher recht bequem
und auch die Nachbarn angenehm.
Ein schöner Garten ist noch dran
und frische Luft kommt auch bis ran.

Ein großes Auto könnt es sein,
denn der Gewinn der war nicht klein.
Im Autohause angekommen,
werd ich als Kunde angenommen.

„Was bietet denn die Oberklasse,
sich abzuheben von der Masse?"
„Schaun sie sich mal den Maybach an,
der kommt an ihre Wünsche ran.

Im Kühlfach Sekt und Kaviar,
so kommt man gut durchs Autojahr"
„Der Wendekreis ist etwas groß.
Die Frage ist, wo park ich bloß?

Die Parkplatznot und das Gedränge
da wird es auf dem Großmarkt enge."
„Ich schätz sie aber so nicht ein.
Man kauft doch nicht im Großmarkt ein.

Die Geschäfte mit Niveau,
die gibt es doch ganz anderswo.
Wenn die dann ihren Maybach seh'n
ist Parkplatz frei im Handumdrehn."

„Auch die Garage ist zu klein.
Da paßt bestimmt kein Maybach rein"
„Was haben sie denn für ein Haus?
sie zieh'n da sicher doch bald aus.

Mein Smart der paßt da bestens rein
und wenn sie ausziehn, zieh ich ein"
„Ihr Vorschlag der gibt mir zu denken
ich werd die Blicke dahin lenken"

Auch dieses Beispiel zeigt mal wieder:
Viel Geld macht alles Alte nieder.
Es bricht mit jeder Tradition.
Es weht ein gänzlich andrer Ton.
Ich lasse die Gedankenspiele,
denn andre Spiele gibt es viele.

Ein Tag im Mai

Die Sonne scheint schon sommerlich
und in den Gärten regt es sich.
Baumarktmaschinen weit und breit
sind jetzt zum Duell bereit.

Benzingetriebener Rasenmäher
kommt der Grundstücksgrenze näher.
Während's in den Ohren dröhnt,
wird auch die Nase noch verwöhnt.

Turbinengleich heult's nebenan.
Jetzt ist der and're Nachbar dran.
Dazwischen eine Kettensäge,
ein großer Baum der ist im Wege.

Der läßt nicht mehr die Sonne rein.
Das Schönste ist doch, braun zu sein.
Die Frau ruft aus dem Fenster raus,
mitten ins Geräuschgebraus:

Kannst Du mich bei dem Lärm versteh'n?
Du könntest mal den Rasen mäh'n!

Der Bauch

Viele Formen hat der Bauch,
bei Männern wie bei Frauen auch.
Mal ist er flach, mal ist er spitz.
Die Hose hat dann keinen Sitz.

Der Gürtel der sitzt nun recht tief.
Seitlich betrachtet ist er schief.
Vorne hält ihn etwas fest,
bevor er runterrutscht am Rest.

Dem Bauchgewicht wirkt man entgegen,
indem sich Schultern rückbewegen.
Das Gleichgewicht hat man im Blick.
Das kennt man aus der Schulphysik.
Um die Momente auszugleichen,
sieht seitlich man ein Fragezeichen.

Im Gegensatz dazu gibt's auch,
den sogenannten Schwabbelbauch.

Der Gürtel drückt die Schwabbeln ein
und rundum schwabbelt es dann fein.
Der Gürtel der sitzt diesmal echt
äquatorial und waagerecht.

Nicht immer klar und deutlich ist,
was Schwabbel- und was Spitzbauch ist.
Es gibt genügend Übergänge
bezüglich solcher Überhänge

Ein Mann kommt wie ein Globus her,
zentral gewichtet und recht schwer.
Zwecks Fortbewegung dreht er ständig,
den Globus links und rechts behendig.
Die Arme pendeln dran vorbei,
wie Fliehgewichte deren zwei.

Je nachdem wie man ihn pflegt,
ist der Bauch stets menschgeprägt.
Die Lebenswelt wär fad und leer,
gäb es keine Vielfalt mehr.

Der Wildpinkler

oder:
Eine Krähe hackt der anderen kein Auge aus

Zum Spaziergang ist es Zeit.
Der Hund und ich sind marschbereit.
Ich zieh mir grad die Jacke an,
da ruft mich meine Frau heran.

„Bevor Du jetzt verläßt das Haus,
trink vorher dieses Glas noch aus!"
Man soll viel trinken dann und wann,
der Nieren wegen heißt es dann.

Nun endlich geh ich mit dem Hunde
auf die morgendliche Runde.
Den Weg entlang schon ziemlich weit,
zur Umkehr wird es langsam Zeit.

Doch plötzlich kommt's mich mächtig an.
Ob ich das wohl noch halten kann?
Bis nach Hause ist es weit
und kein WC hier weit und breit.

Ein Glück, dass ich hier draußen bin,
da schaut man so genau nicht hin.
Da vorne diese hohen Hecken,
die helfen dann, sich zu verstecken.

Ein Blick zurück, ein Blick voraus,
es sieht doch jetzt ganz günstig aus.
Der Reißverschluss der klemmt schon wieder.
Es ist, als käme ich gleich nieder.

Endlich ist auch das geschafft.
Das Wasser läuft mit voller Kraft.
Als nun die Blase endlich leer,
kam eine laute Stimme her.

„Dass sie sich nicht genieren,
hier öffentlich zu urinieren!
Das kostet eine Kleinigkeit,
denn ihr Verhalten führt zu weit.

Wie heißen sie denn junger Mann?“
„Das geht sie überhaupt nichts an.“
„Doch, ich glaub, ich kenne sie,
vom Knöllchengeben irgendwie“

„Sie haben richtig mich erkannt.
Ich stand da grad am Straßenrand.
Sie rannten zum WC geschwind,
in einem 100 m Sprint.

Ihr Auto stand im Parkverbot,
doch ich erkannte ihre Not.
In Anbetracht der großen Pein
ließ ich das Knöllchenschreiben sein“

„In der Not gibt's keine Strafen!
Es war sehr schön, dass wir uns trafen.
Sind doch vom gleichen Fleisch und Blute
Auf Wiedersehn und alles Gute!"

Nordic Walking – Frauenpower

Da kommt ein lautes Stockgeklapper,
dazu noch zwischendurch Geplapper.
Sie keuchen ein, sie keuchen aus.
Die Neuigkeiten müssen raus.

In Hoffnung ist Frau Meier wieder.
Sie kommt das sechste Mal schon nieder.
Ich glaub' nicht, dass ihr Mann das kann.
Da war bestimmt der Nachbar dran.

Sobald ihr Mann ist aus dem Haus,
da geht es zu mit Saus und Braus
und wenn die Morgennebel weichen,
seh' ich ihn durch den Garten schleichen.

Rechts da wohnt der Lottomillionär.
Der räumte doch den Jackpot leer.
Er hat nun schon die dritte Frau
und immer noch auf Bräuteschau.

Da vorn von links, da kommt ein Bauch.
Der Rest folgt nach, ich seh es auch.
Mein Gott hat der Mann viel Speck.
Der geht vom Laufen doch nicht weg.

Die Stöcke fliegen immer schneller.
Heut geh'n die Pfunde in den Keller.
Die Ringe werden durchgeschwabbelt,

und immer weiter wird gebabbelt.

Ihr werdet hundert Jahre alt,
wenn eure Gatten schon sind kalt.
Der Jugendwahn der geht so weiter.
Der Hundertjährigen Wegbereiter.

Entscheidend ist, dass man dran glaubt,
was manchen die Besinnung raubt.

Der Garten

„Du, ich hab jetzt auch nen Garten.
Konnte nicht mehr länger warten"
„Da brauchst du einen Gartenpaten.
Ich glaub, ich kann dich gut beraten.

Ich sage dir, was sich so lohnt,
wenn man auch im Garten wohnt.
Zunächst vor allem and'ren dann
sä genügend Rasen an.

Drei Viertel müßten es schon sein,
zum Sonnen auf dem Rasen fein.
Um dann den Rasen stets zu pflegen
brauchst du Dich nicht so sehr bewegen.

Ein Rasentraktor ist da richtig
und auch nicht fahrerlaubnispflichtig.
Da fährst du schnell mal auf und ab
und ruckzuck ist der Rasen ab

Und nun der allerbeste Rat:
schaff Platz dir für ein großes Bad.
Bei Hitze steigst Du dann hinein
und lässt die Wärme Wärme sein.

Ein Gartenlicht mit LED,
kost nicht viel und tut nicht weh.
Ich schau gleich mal per online rein
und kauf das dann bei OBI ein.

Und dann vor allem nicht vergessen,
du mußt auch sorgen für das Essen.
Rostwürste sind da erste Wahl,
den Grill zu finden eine Qual.

Die Auswahl ist hier riesengroß.
Die Frage, welchen nimmt man bloß?
Am besten den aus Edelstahl,
der ist bei mir die erste Wahl.

Und groß genug sollt er schon sein,
wenn du dir lädst dann Gäste ein.
Hast du auch ein großes Haus,
für Gäste wenn die Party aus?

Dann kann man ruhig weitertrinken
und brauch nach keinem Taxi winken.

Jetzt zum Schluß fällt mir noch ein.
Ein paar Zwerge müssen sein
Die meisten finden sie so niedlich.
Die Zwergenlandschaft schaut so friedlich.

Obst und Gemüse solche Zwänge,
die machen doch den Tag nur enge.
Das Obst kriegt man in jedem Laden,
vor allen Dingen ohne Maden.

Blumen müssen auch nicht sein,
der Garten ist schon so zu klein.
Im Blumenshop vorn an der Ecke

gibt's für fünf Euro schon Gestecke.

Ich denk ich hab dich gut beraten.
Wär nichts geworden ohne Paten.
Dein Garten wird bald anerkannt
und Vorbild sein im ganzen Land!"

Die Hundeausstellung

In Menschenmassen mittendrin
schiebt man sich zur Kasse hin.
Sie kommen mit und ohne Hund
und tun so ihr Interesse kund.

Den Gang entlang zu den zwei Hallen,
man alles tut, um zu gefallen.
Die ganze Hundewelt ist hier,
mit kleinem und mit großem Tier.

Wehrhafte Riesen schüchtern ein,
andre sind da winzig klein.
In den Ringen alle Klassen,
die sich hier bewerten lassen.

So verschieden wie die Hunde
sind auch die Richter in der Runde.
Kleine, Große, Dicke, Schlanke
sitzen hinterm Tisch als Schranke.

Sie kommandier'n die Züchter rum:
„Nun lauft mal schnell im Kreis herum!"
Die Züchter traben mit den Hunden
ein und zwei und noch mehr Runden.

Die Bäuche und die Busen schwingen.
Ein guter Platz muss doch gelingen.
Zwei Richter kommen jetzt heran,
sehn sich die Hunde näher an.

Nicht das Fell und Zähne nur,
auch den Eindruck und Statur.
Zuvor hat Züchter selbst entzückt,
nochmal die Beine gradgerückt.

Kopf und Schwanz leicht angehoben,
den Körper noch leicht vorgeschoben.
Bereit zum finalen Richterblick,
hofft man auf das Plazierungsglück.

Nach Beratung durch die zwei
steh'n fest die Plätze eins bis drei.
Den ersten Platz hat wie gedacht,
der mit dem Siegerblick gemacht.

Jetzt hat man alles schwarz auf weiß,
den Freifahrschein zum guten Preis.
Am Nachmittag nimmt ab der Trubel.
Verhallt ist auch der letzte Jubel.

Schön war es, wieder zu erleben,
was Hunde so den Menschen geben.

Das Wartezimmer

Dumpfe Luft im Wartezimmer,
voll ist es hier meistens immer.
Hier trifft sich, was nicht ganz gesund
und manche tun das lauthals kund.

Die meisten sind jedoch ganz stumm
und denken - geht die Zeit bald rum?
Gefragt ist oft des Arztes Wort,
dann lebt sich's leichter weiter fort.

Die dicke Frau dort in der Mitte
blättert grad in der Brigitte.
Die nächste Seite tippt sie dann
mit einem feuchten Finger an.

Das Blättern ist so recht bequem
und gut für das Immunsystem.
Der Nächste weiß das dann zu danken
als Vorteil vor den andern Kranken.

Mühsam geht die Tür jetzt auf.
Ein alter Mann ist nicht gut drauf.
Er schlappt sich zu dem leeren Platz
und sagt nur einen kurzen Satz:

„Wer kam als letzter hier herein
und geht vor mir zum Arzt hinein?"
„Da drüben dieser junge Mann
Der ist dann noch vor ihnen dran"

Ach da kommt Frau Neumann wieder.
„Was machen ihre müden Glieder?
Hat die Spritze denn geholfen?
und können sie jetzt wieder golfen?"

„Dank der Pharmaindustrie
geht's mir so gut wie vorher nie."
Der Nächste bitte, tönt es laut
die Kommunikation ist out.

Im Wartezimmer nur noch drei.
Ich bin der Letzte in der Reih.
Der Arzt der sieht mich freundlich an
„Nun sind sie endlich auch noch dran.

Die Werte sehen gut heut aus"
Erleichtert gehe ich nach Haus.

Am Strand der Ostsee

Es ist schon warm, die Sonne lacht.
Zum Strand geht's heut mit aller Macht.
Der Himmel blau wie blank gekehrt,
der Strand ist heute unversehrt,

denn Sturm und Wellen voll Gelüste
nagen ständig an der Küste.
Nun geht's mit Hund am Ufer lang.
Im Wasser leuchten Steine blank.

Ein wunderbares Farbenspiel,
der Steine Muster gibt es viel.
Unterwegs sind manche Leute,
mit viel und auch mit wenig Beute.

Jetzt kommen weiß gestylte Damen.
Die Strandgarderobe sprengt den Rahmen.
Eingehüllt in Deoduft,
schnappen sie nach Meeresluft.

Ein laut Gespräch dringt an mein Ohr.
Ich komm mir fast als Lauscher vor.

„Es ist doch wunderschön im Osten
und das bei moderaten Kosten.
Vor allem hat man ständig Flut.
Das tut uns allen richtig gut

Auf Sylt sind viele Prominente
und Leute mit sehr hoher Rente.
Ich hatte dort an diesem Strand,
nen Goldfisch fest in meiner Hand.

Leider verstarb er kurz darauf.
Durch Erbschaft wuchs mein Konto auf.
Ein Entschluss der steht nun fest.
Hier baue ich mein neues Nest!

Dann such ich mir nen Ossimann,
der kernig ist und alles kann.
Danach leb ich an dieser Küste
und nichts, was ich noch besser wüßte."

Die Ostsee strahlt in neuem Lichte,
mit dieser kleinen Strandgeschichte.
Im Osten geht die Sonne auf!
Jetzt kommt auch mancher Wessi drauf.

Am FKK Strand

Auf Bauches Vorsprung schwabbeln Brüste,
am FKK Strand an der Küste.
Was Kleidung sonst geschickt kaschiert,
das zeigt man hier ganz ungeniert.

Das Alter prägt die vielen Nackten
und schafft im Ausseh'n diese Fakten.
Aber auch die Lebensweise
bringt manche Formen aus dem Gleise.

Adonis gleich und braungebrannt,
ein Athlet kommt angerannt.
Das Muskelspiel auf glatter Haut,
die Damen zeigen sich erbaut.

Volleyball ist weit verbreitet,
weil das Vielen Spaß bereitet.
Den Ball flach über's Netz getrieben,
wird er pariert zurück nach drüben.

Frieden herrscht hier weit und breit.
Nacktsein schafft Gemeinsamkeit.
Achtung gegen jedermann,
Freundlichkeit kommt immer an.

Wie wäre es, mal so gedacht.
Die Politik wird nackt gemacht.
Politiker steh'n dann vor'm Spiegel.
Ihre Kleidung hängt am Bügel.

Wie wirkt die einstudierte Pose
ohne Hemd und Unterhose?
Wie lächerlich ist dann ein Streit?
Er wird ersetzt durch Heiterkeit.

Auf dem Modellflugplatz

Wenig Wind und Sonnenschein
laden uns zum Fliegen ein.
Alle wollen oben schweben
und den Modellflug so erleben.

Die Autos kommen mit Gebraus,
dann packt man seine Schätze aus.
Die Kleinen sind komplett verstaut.
Die Großen man zusammenbaut.

Ganz große kommen mit dem Hänger,
die Flugbereitschaft dauert länger.
Bei Jungen als auch bei Senioren
beginnt das Spiel mit den Motoren.

Die Elektronik wird getestet
und mit dem Sprit die Luft verpestet.
Sofort springt mancher Motor an,
 ein andrer bastelt länger dran.

Einer will so gar nicht geh'n,
bis alle nach dem rechten seh'n.
Nochmal eine kurze Kur
vom Tank bis zur Benzinzufuhr.

Man schlägt auf den Propellerflügel
gerade so als kriegt er Prügel.
Auf einmal gibt es Lebenszeichen
bis auch die letzten Zweifel weichen.

Der Motor springt nun endlich an,
ein Sound wie mitten im Orkan.
Im Luftstrom flattern Hosenbeine
und Störung gibt es jetzt mehr keine.

Ein Glücksgefühl durchströmt den Mann,
weil er nun endlich starten kann.

Am Startpunkt gibt er volles Gas
und schnell hebt es sich ab vom Gras.
Das Fliegen ist dann sehr speziell,
einer mag's langsam, einer mag's schnell.

Loopings Messerflug und Schrauben,
was alles geht, ist kaum zu glauben.
Doch dann steht nun die Landung an.
Die zieht jetzt alle in den Bann.

„Die Anflugkurve ist zu steil!
Laß doch bloß den Flieger heil!"
Zur Korrektur ist es zu spät,
wenn man nicht macht, was man so rät.

Von oben kommt noch eine Bö.
Sie nimmt dem Flieger letzte Höh.
Hektische Ruderkorrektur
vergrößert die Misere nur.

Harter Aufschlag und ein Knall,
die Teile liegen überall.

„Er glänzte noch im Sonnenschein
und jetzt ist er nun kurz und klein."
„Hör auf zu jammern, gib jetzt Ruh,
gehört beim Fliegen doch dazu."

Der Schäumling mit dem E-Motor,
der macht oft vielen etwas vor.
Stecker rein, ab geht die Post,
das Flugvergnügen wenig kost.

Vor dem Wind ist gutes Fliegen,
aus dem Wind wird weggetrieben.

„Er ist jetzt schon ganz hoch und klein
und sucht die beste Thermik fein."
Blauer Himmel, leichter Dunst,
das Höhenfliegen keine Kunst.

„Sind denn die Augen schon so schlecht?
Man sieht ihn gar nicht mehr so recht!
Ich gesteh es unumwunden.
Jetzt ist er gänzlich mir entschwunden."

„Auch ich kann ihn jetzt nicht mehr sehn.
Ich glaub das war's,- auf Wiedersehen!"

Man könnte fast der Meinung sein,
ich lass nun doch das Fliegen sein.
Bei so viel Horror Flugberichten
muss ich mein Hobby anders richten.

Doch dieser Schluss ist grundverkehrt.
Die meisten bleiben unversehrt.
Kein Hobby ist da völlig frei
von unheilvollem Allerlei.

Ich sag es nochmal klipp und klar:
Das Fliegen das ist wunderbar!

<u>Anmerkung:</u>
Schäumling: preiswertes Flugmodell mit Teilen
aus gepreßtem Hartschaumstoff

Das Hobby

Ein echtes Hobby braucht der Mann,
damit er sich entspannen kann,
denn das was ihm Entspannung schafft,
verhilft ihm dann zu neuer Kraft.

Die Auswahl die ist riesengroß,
was für ein Hobby mach ich bloß?
Steine sammeln und polieren,
mit Sangesbrüdern jubilieren,

Modellflugzeuge in den Lüften,
Bergsteigerei in steilen Klüften?
In frischer Luft durch Wald und Feld
auch Wandern ist des Manchen Welt.

Fotos machen weit verbreitet,
wird oft als Hobby ausgeweitet.
Mit Bildern aus der Lebenswelt
wird festgehalten, was gefällt.

Manch schöner Blick in die Natur
oder auch Gemäuer nur,
lässt uns später nacherleben,
was wir gesehen noch grad eben.

Digital bleibt es erhalten
und lässt sich trefflich dann verwalten.

Egal, was man sich auserwählt,
ein Hobby ist es, was hier zählt.
Betreiben darf man's nicht verbissen.
Es soll doch sein ein Ruhekissen,

Erholung sowie Quell der Freude,
in dem man Kräfte nicht vergeude.

NACHDENKLICHES

Heuchelei

Ich konnte Onkel Paul nie leiden.
Doch, um jeden Streit zu meiden,
gab's von Mutter klare Worte,
zu folgen ihr an diesem Orte.

Lächle und sei lieb zu Paul,
sonst gibt's eine auf das Maul.
Schon diese frühe Offenbarung,
war eine wichtige Erfahrung.

Es ist nicht immer klug zu zeigen,
wohin sich die Gedanken neigen.

Ein alter Mann

Mit schwerem Schritt die Treppe rauf,
der Stufen Zahl die nimmt kein Ende.
Früher war er besser drauf.
Das Alter brachte nun die Wende.

Damals war'n zwei Stufen eine.
Die Treppe war im Nu erklommen.
Hindernisse gab es keine.
Alles ward im Sturm genommen.

„Tu nicht so, als geht nichts mehr
und streng dich mal ein wenig an!
Das ist doch wirklich nicht so schwer,
sonst kommst du niemals oben an."

„Junger Freund nun halt mal ein
und lass die lose Spötterei.
Auch du wirst einmal älter sein,
dann ist es mit dem Spott vorbei."

Auf dem Friedhof

Ob arm oder ob superreich,
hier auf dem Friedhof sind sie gleich.
Tief in der Erde mag das sein,
doch obendrauf gibt's groß und klein.

Besonders seit der Gründerzeit
gab's Monumente groß und breit.
Sie folgten der Familiengruft
und standen dann in freier Luft.

Inzwischen sind sie meist vergessen.
Das Andenken wird neu vermessen.
Polierte Steine Topdesign
geht allen in die Sinne ein.

Doch oft sieht es auch anders aus.
Nach Jahren bleibt die Pflege aus.

Viel Efeu hat es zugedeckt,
was vorher aussah wie geleckt.
Das Erbe ist schon lang verteilt
und die Besitzer sind enteilt.

Nicht allen Gräbern geht es so.
Man pflegt sie eben gradeso.
Bei andern leuchtet Blumenpracht.
Dreitäglich wird sie frisch gemacht.

Dankbarkeit gemischt mit Trauer,
beides ist oft nicht von Dauer.
Freude sollte man bereiten,
vor allem noch zu Lebenszeiten.

Winterzeit

Der Sommer der war ganz schön heiß.
Der Winter wird nun kalt und weiß.
Ein Horrorwinter soll das werden,
der kälteste auf dieser Erden.

Sagt einer, der es wissen kann.
Früher war's der Kachelmann.
Und endlich dann im Februar,
die Nacht war wolkenfrei und klar.

Der Frost der lag bei minus zwei.
Die Erde war von Schnee noch frei.
Am Morgen fängt es an und schneit.
Die Landschaft nun im weißen Kleid.

Zwei Zentimeter sind's geworden.
So ähnlich wie im hohen Norden.

Dicke Jacken, Handschuh, Mützen
sollen vor der Kälte schützen.
Baumarktschaufeln und auch Besen
waren gestern aus gewesen.

Der Nachschub kommt nur schwer heran.
doch man tut, was man so kann.
Gestern kam ein LKW.
Der Fahrer war noch ganz voll Schnee.

Wir haben ihn erst aufgetaut.
Danach sprach er mit leisem Laut.
„Ich hab die Nacht im Eis verbracht,
denn vor mir hatte es gekracht.

Die Autos standen kreuz und quer
und auf den Straßen ging nichts mehr.
Die Ursache war schnell zu greifen,
ein Ballett auf Sommerreifen.“

Ein ICE ist unbeheizt.
Die Fahrgäste sind überreizt.
Verspätung hat er schon drei Stunden.
Das ist kein echter Dienst am Kunden.

Der Winter der legt alles lahm,
weil er so überraschend kam.
So plötzlich und so über Nacht
hat er uns alle kalt gemacht.

Salz gibt es schon längst nicht mehr,
selbst für die Eier reicht's nicht mehr.
Die Wirtschaft fast zusammenbricht,
doch weichen will der Winter nicht.

Doch jetzt ist er nun bald vorbei,
verhallt der letzte Hilfeschrei.
Wenn der Winter wird noch milder
und die Hysterie noch wilder,

dann wird es Zeit zurückzukehren
und nicht die Panikmache mehren.
In letzter Zeit sind wir bekannt,
als technisiertes Weicheiland.

Se

Se ist ein tolles Synonym,
für alles was so anonym.
Se woll'n da vorn die Straße schließen.
Das wird wohl manchen recht verdrießen.

Aber gestern in der Zeitung
ham Se beschrieben die Umleitung.
Das machen Se doch immer so.
Kaum wird man da wohl wieder froh.

Was Se heute uns versprochen,
wird morgen wieder schnell gebrochen.
Se wollten doch nen Kreisverkehr.
Das wollten auch die Bürger sehr.

Schon früher hatten Se berichtet,
wie Straßen bei uns zugerichtet.
Zu viel Verkehr rollt heute drüber.
Se ham doch keine Gelder über.

Für and're Dinge ham Se Geld,
nur nicht für die Straßenwelt.
Sprit den ham Se hoch besteuert.
Der ist doch völlig überteuert.

Se sollten diese Steuersäcke
verwenden für die Straßendecke.
Immer stets die alten Sprüche
Aus der Berliner Suppenküche.

Se singen stets die selben Lieder.
Die Bürger wähl'n Se immer wieder
Und wenn wir mit den Augen rollen,
Se machen immer was Se wollen.

UNGEREIMTES

Warten beim HNO

Da ich meine Frau trotz harmonischer Ehe in letzter Zeit nicht immer verstand, was die von ihr ausgesendeten Schallwellen anbetraf, suchte ich einen HNO Arzt auf.

Im Vertrauen darauf, dass der Knöllchenmann bei diesem schönen Wetter wohl Urlaub haben würde, parkte ich direkt vor der Praxis.

Die nicht unhübsche Dame am Empfangstresen strahlte mir ihre jugendliche Frische entgegen und quittierte die bejahte Frage, ob ich einen Termin habe mit einem zufriedenen Lächeln.

Der Computer fraß begierig meine Chipkarte, um sie nach dem Auslesen der Daten wieder auszuspucken. Er hatte nicht vergessen, dass ich vor neun Jahren schon einmal hier war.

Ein Blick in das gut gefüllte Wartezimmer ließ mich fragen, ob es wohl sehr lange dauere. Die nette Dame versprach einen Vorteil durch das Angemeldetsein.

Allerdings stellte ich fest, dass wohl alle Dasitzenden angemeldet sein mussten.

Nach einem größtenteils erwiderten guten Tag nahm ich Platz und wurde von den Wartenden mit einem kurzen Blick gewürdigt, was auf Gegenseitigkeit beruhte. Meist blickten diese danach wieder mit Ausdauer vor sich hin, wobei sich durch den Eintritt zweier junger Männer ein neuer Stereotyp ergab.

Schon bei deren Eintritt bestaunte ich zu allererst ihre Körpergröße. Die Spitzen ihrer

Kopfhaare schienen den oberen Querbalken der Türöffnung zu berühren.

Ich gab mich Gedanken hin, welche Lücke meine 1,80 m Körpergröße zu diesem Querbalken noch lassen würde, unterließ es aber, dies sofort nachzuprüfen, und wollte das beim Herausgehen testen, was ich aber dann prompt vergaß.

Die jungen Männer besaßen alle Attribute der heutigen Zeit. Sie hatten beide Schuhe mit den obligatorischen weißen Sohlenstreifen. Dabei kam die Erinnerung an die in den 50er Jahren modernen Weißwandreifen der damaligen PKW auf. Auch diese stachen aus der grauen Masse ab und verloren ihren Reiz wie alle modischen Erscheinungen nach gewisser Zeit.

Ich hatte mich jedenfalls fest entschlossen, diesem Trend nicht zu folgen und bei den grauen Mäusen zu bleiben.

Nachdem die jungen Leute Platz genommen hatten, knickten die Halswirbelsäulen nach vorn auf eine etwa 45°Position und fixierten das sofort herausgeholte Smartphone. Es würde wohl diesen Blick bis zum Aufruf ihrer Namen aushalten müssen. Die Finger bewegten sich mit beneidenswerter Sicherheit und Schnelligkeit über die Tastatur und zauberten die gewünschten Inhalte auf den Bildschirm.

Unwillkürlich kam der Gedanke auf, wie man den anderen Stereotyp auflockern könnte, dessen Blicke ebenso dauerhaft auf die Fußspitzen des Gegenübers oder auf Details des Raumes gerichtet waren.

In der einen Ecke des Wartezimmers stand verschiedenes Kinderspielzeug. Was wäre, wenn ich mit einem Spielzeugtraktor und entsprechenden Geräuschen durch das Wartezimmer fahren würde? Leider fehlte mir zu diesem Experiment der Mut.

Einige würden vielleicht bedauernd mit dem Kopf schütteln und zum Nebenmann bemerken, dass das keine psychiatrische Ambulanz sei. Anderen würde sich die Erinnerung an den durchgeknallten Opa bei Loriot's Weihnachten bei Hoppenstedt aufdrängen.

Es kam nicht nur wegen fehlenden Mutes zu keiner solch vergnüglichen Einlage, denn erstaunlicherweise schaffte es der Aufruf meines in Schallwellen transformierten Namens bis an mein Ohr. Durch elastisches Aufspringen zerstörte ich die Illusion eines Hoppenstedt Opas und gleichzeitig die Gedankenwelt des Müßigganges.

An der Tresenschönheit vorbei begab ich mich in die Hände eines facherprobten „Oberschwester Hildegart" Typ's, der keine Träumerei mehr zuließ.

Ein bedauernswerter Fall

Der kleine dickliche Mann verhielt seinen Schritt und blickte auf das polierte Messingschild neben dem Türeingang der repräsentativen Jugendstilvilla.

Prof.Dr. Steinmeißel **Neurochirurg** **Termin nach Vereinbarung**

Neben der kunstvoll mit Blumenmotiven verzierten Eichentür befand sich eine Sprechanlage, aus der sich nach dem Knopfdruck eine weibliche Stimme meldete: „Ja, bitte?"
„Mein Name ist Sesselmoser, und ich habe einen Termin bei Herrn Professor".
„Bitte treten Sie ein und nehmen Sie im Wartezimmer Platz".
Die Tür öffnete sich automatisch und gab nach Durchqueren des verglasten Windfanges den Blick in den großen dunkel getäfelten Vorraum frei, von dem verschiedene Eingänge in das Innere des Hauses führten. Rechts von dem großen Kamin, der die Raummitte einnahm, gab es eine Tür mit der Aufschrift Wartezimmer.
Der kühle Raum mit den lederbezogenen Stühlen erhielt seinen Akzent durch einen reich mit Schnitzwerk verzierten Wandschrank.

Kaum, dass er Platz genommen hatte, verkündete eine dunkelblonde Schönheit: „Der Professor erwartet sie".

Nach Passieren des Sekretariates traf er den Professor am Schreibtisch sitzend in seinem Arbeitszimmer, dessen Wände ganz mit Bücherregalen bedeckt waren.

„Herr Sesselmoser!" Der Professor erhob seine massige Gestalt und blickte den Gast aus stahlgrauen Augen unter buschigen Augenbrauen interessiert an. Sein kantiges Kinn und der markante Gesichtsausdruck ließen Energie und Durchsetzungskraft vermuten. „Was führt sie zu mir?"

„Als Gesundheitspolitiker stehe ich ständig im Brennpunkt und muss mich kritischen Fragen stellen. Es fehlt mir oft das Fachwissen, da ich ja keine Ausbildung absolviert habe und mir das meiste nur als Autodidakt aneignen konnte."

Herrn Sesselmoser standen dicke Schweißperlen auf der Stirn, als der Professor fragte: „Und wieso glauben Sie, dass ich Ihnen helfen kann?"

„Sie sind mir von Dr. Redemann, einem Parteifreund und langjährigen Vertrauten, empfohlen worden".

„Hat er Ihnen auch gesagt, dass absolute Geheimhaltung und Loyalität gegenüber meiner Person Voraussetzung für eine Behandlung ist?"

„Selbstverständlich, Herr Professor".

„Sie müssen wissen, dass sich Geheimdienste aus aller Welt für meine Arbeiten interessieren.

Es ist diesen jedoch nicht bekannt wie weit die Umsetzung der gewonnenen Erkenntnisse bereits gediehen ist, ansonsten würde ich vielleicht nicht mehr hier sitzen. Die Erforschung des Gehirns in Verbindung mit neuester Computerelektronik, Sensorik und Datenverarbeitung ist mein Lebenswerk. Es ist mir gelungen, Datenspeicher des menschlichen Gehirns anzuzapfen und auszulesen. Das betrifft auch die menschliche Software, die mit diesen Daten umgeht. Das wirklich Geniale ist jedoch die Speicherung dieser Daten im Computer und die wiederum mögliche Übertragung auf ein anderes menschliches Gehirn. Ich konnte nicht nur die betreffenden Hirnregionen lokalisieren, sondern auch An- und Auskopplungsmechanismen zur Außenwelt erforschen und entwickeln. Selbstverständlich gibt es keine Garantie für den Erfolg solcher Manipulationen, da jedes Hirn individuelle Besonderheiten aufweist, jedoch konnte ich schon hunderte Patienten behandeln und dabei meine Datenspeicher mit Wissen füllen. Wenn Sie also mit meinen Bedingungen einverstanden sind und etwa 5000,-€ pro Behandlungsstunde bereit sind zu zahlen, dann können wir sofort beginnen. Je nach ihren Wünschen rechne ich mit ca. sechs bis acht Behandlungsstunden."

Herrn Sesselmoser liefen die Schweißperlen bereits in den Kragen und auf seinem Hemd zeigten sich durchgeschwitzte Stellen. Er spürte eine Enge in seinem Hals und mit gepresster

Stimme erklärte er sein Einverständnis. Er würde sich notfalls etwas Geld borgen und in der sicherlich bevorstehenden Karriere wieder einspielen.

„Kommen sie!" Sie betraten einen Behandlungsraum, der angefüllt war mit Computern, Bildschirmen, Strippen, Adaptern und medizinischem Gerät. In der Raummitte stand ein Tisch, wie er auch bei OP's Verwendung findet.

„Legen sie sich hier herauf. Ich werde ihnen an einigen Stellen ihrer Kopfhaut die Haare entfernen und Sensoren adaptieren. Danach teste ich, wie ihre neuronalen Netzwerke reagieren und meiner Software zugänglich sind." Nach Beendigung der Prozedur begann der Testprozess. „Teilen sie mir jetzt alle ihre Wünsche bezüglich Wissen und Kommunikation mit".

Herr Sesselmoser schilderte alle seine Wissenslücken und die Wünsche nach besserer Kommunikation und Überzeugungsarbeit.

„Es sieht nicht schlecht aus. Ich glaube, wir müssen eine Menge Daten übermitteln. Wenn alles gut läuft, können sie dann dieses Wissen abrufen und überzeugend darbieten. Ich stelle bis zur nächsten Behandlung alle mir zu ihren Wünschen verfügbaren Informationen zusammen und dann werden wir sehen wie der Transfer klappt."

Sesselmoser erhob sich vom OP Tisch und der Professor verabschiedete sich mit einem kräftigen anhaltenden Händedruck. "Auf

Wiedersehen am Donnerstag um 10.00 Uhr".
Dabei fixierte er seinen Patienten mit eindringlichem Blick und entließ ihn mit der nochmaligen Ermahnung nach absoluter Geheimhaltung.

Es folgten mehrere Behandlungen und bald stellte sich ein sichtbarer Erfolg ein. In den politischen Kommentaren diverser Medien tauchte jetzt öfter der Name Sesselmoser in Verbindung mit der Gesundheitspolitik auf, wobei man ihn wegen seines exzellenten Fachwissens und der brillianten Redekunst lobte.

Sein Parteivorsitzender bemerkte in einer internen Runde „Warum sind wir nicht schon früher auf diesen Mann aufmerksam geworden?"

Nach der nächsten für Sesselmoser's Partei sehr erfolgreichen Wahl stand die Besetzung des Gesundheitsministeriums zur Disposition. In der Person des Herr Obermeier gab es einen starken Anwärter auf dieses Amt. Dieser hatte durch seinen Werdegang im Gesundheitswesen alle Chancen und erwies sich als zäher Widersacher.

Trotz allem fiel nach harten Verhandlungen der Posten des Gesundheitsministers an Herrn Sesselmoser.

Ein altehrwürdiger Bau aus der Gründerzeit beherbergte neben anderen Institutionen der Landesregierung auch das Gesundheitsministerium.

Der Haupteingang, dessen Tür während der Dienstzeit stets offen stand, wurde durch hohe Säulen flankiert. Innen führte eine breite Freitreppe ins Obergeschoß.

Der mit polierten Messingstangen an den Stufen fixierte Teppich dämpfte den Schritt und rief bei den meisten Besuchern eine Achtung gebietende Erwartungshaltung hervor.

Ein schlichtes schwarzes Schild mit weißer Gravur verwies auf das Gesundheitsministerium.

Durch zwei Vorzimmer gelangte man zum Arbeitsraum des Ministers.

Herr Sesselmoser saß in seinem hellgrauen Maßanzug an einem breiten Schreibtisch mit Glasplatte, worauf Dokumente und Vorlagemappen lagen.

Gerade hatte ihn sein Fahrer in einer Limousine der Luxusklasse zum Dienst chauffiert.

Er wippte mit der Lehne seines ledernen Chefsessels, wobei sein Blick auf einen großen expressionistischen Kunstdruck fiel, der die gegenüberliegende Wand zierte. Zufrieden atmete er tief durch. Er hatte alles erreicht, was er wollte.

Trotzdem bohrte etwas in seinem Inneren.

Herr Obermeier gab nicht auf und kündigte für die nächste Wahl eine erneute Kandidatur an. Seine fachliche Kompetenz war über alle Zweifel erhaben, jedoch konnte er sich nicht so gut darstellen. Er war ein schlechter Rhetoriker, zumal er mitunter in ein leichtes Stottern verfiel.

Sesselmoser, der sich inzwischen an das Arbeitspensum eines Ministers angepasst hatte, musste manch alte Gewohnheit aufgeben. Als Frühaufsteher gehörte es bisher zum festen Ritual die angenehme Frische des Morgens zu einem Spaziergang mit seinem Hund zu nutzen.

Heute erlaubte es, sein Terminplan wieder einmal dieser Gewohnheit nachzugehen.

Seine stets schnaufende Zwergbulldogge Max an der Leine spazierte er die Parkallee entlang um über die große Wiese des Stadtparkes und den Englischen Garten zurückzukehren.

Dabei führte sein Weg an dem kunstvoll geschmiedeten Außenzaun der Villa des Professor's Steinmeißel vorbei. An deren Zufahrt parkte eine dunkle Limousine. Beim Anblick des Kennzeichens erstarrte er und der Schreck traf ihn bis ins Mark. Der Wagen gehörte zweifelsfrei Herrn Obermeier.

Wie von Furien gejagt trat er schnellen Schrittes den Heimweg an, sodass sein schnaufender Vierbeiner gezogen werden musste.

Nachdem er Obermeiers Wagen noch ein zweites Mal vor der Villa erblickte, gab es nun keinen Zweifel mehr über den Fortgang der Dinge.

Einige Zeit später erhielt Sesselmoser hohen Besuch von der Landesregierung und ausländischen Gästen. Diese wollten die gerade modernisierte und erweiterte Klinik für

Neurochirurgie und Psychiatrie besichtigen. Ein Vorzeigeprojekt des Gesundheitsministers.

Die Klinik lag mit ihrem weißen Perlputz und den Edelstahlapplikationen im Sonnenlicht als die Autokolonne mit den Gästen auf dem hauseigenen Parkplatz eintraf.

Sesselmoser wurde vom Ministerpräsidenten vorgestellt und übernahm die Führung.

Es folgte ein Rundgang durch die Behandlungsräume, einen Blick in die Patientenzimmer, den großen OP Trakt und die Sozialräume. Zuletzt führte der Weg der Delegation in einen speziellen Anbau für schwere Fälle der Psychiatrie.

„Sehen sie hier diesen besonders tragischen Fall. Einer unserer klügsten Köpfe musste zwangseingewiesen werden und es bedurfte meines persönlichen Einsatzes, um eine für ihn einigermaßen erträgliche Situation zu schaffen."

Durch ein kleines vergittertes Fenster fiel der Blick auf eine massige Gestalt, die mit leerem Blick auf einen Bildschirm starrte und ständig die Tastatur des Computers bediente.

„Selbstverständlich steht er ständig unter dem Einfluss starker Medikamente, denn er ist unberechenbar und gewalttätig. Es war leider die einzige Möglichkeit diesen Patienten ruhig zu stellen. Er lebt in der Wahnvorstellung, in menschliche Hirne eindringen zu können und diese zu manipulieren. Wir sind aber zuversichtlich, dass wir Ihn mittels unserer Therapie bald wieder in ein normales Leben zurückführen können. Genie und Wahnsinn liegen eben dicht beieinander."

Ameise und Mensch

Die Ameisen leben seit ca. 100 Millionen Jahren erfolgreich in festgefügten Gemeinschaften, die den Fortbestand der Art sowie das soziale Zusammenleben garantieren.

Die einzelnen Arten weisen zwar Unterschiede in der Lebensweise auf, jedoch ist allen gemeinsam, dass sie in der Brutpflege kooperieren, gemeinsam Nahrung beschaffen und verteilen, in mehreren Generationen zusammenleben und in vielfacher Weise ihr Überleben organisieren.

Man könnte die Ameisen mit programmierten Robotern vergleichen, die mit Hilfe ihrer Sensorik Signale der Umwelt sowie der Artgenossen empfangen und nach festen Programmen darauf reagieren.

Die Programme sind zweckmäßig darauf ausgerichtet, die Art zu erhalten, das soziale Zusammenleben zu gewährleisten und gegen schädliche Einflüsse zu verteidigen.

Jedes Mitglied der Gemeinschaft erfüllt pausenlos Pflichten, die der Gemeinschaft dienen und genießt dafür deren Schutz und Fürsorge.

Zum Alter der Menschheit gibt es nach neuesten Forschungsergebnissen unterschiedliche Auffassungen. In jedem Fall beträgt das Alter der Menschheit weit weniger als ein Hundertstel des Alters der Ameisengesellschaft.

Ob sich das Gesellschaftsmodell der Menschheit so lange bewährt wie das der Ameisen, können wir nicht mehr beurteilen.

Die Menschen leben nicht nach fest einprogrammierten Verhaltensmustern, sondern sind Kraft ihrer Intelligenz schöpferisch tätig. Sie programmieren ihre Verhaltensweisen selbst und modifizieren die Ergebnisse ihrer Arbeit in vielfältiger Art und Weise.

Die Intelligenz hat zudem die Gefühlswelt erschlossen.

Die schöpferische Tätigkeit eröffnet ungeahnte Möglichkeiten, die Lebensweise zu verändern.

Neben dem Leben in Luxus und Bequemlichkeit gibt es aber auch bittere Armut, neben Fürsorge und Nächstenliebe - Gewalt und Brutalität, neben fleißiger Arbeitstätigkeit – Schmarotzertum,

neben Anerkennung - Neid und Missgunst.

Die Wissenschaft und Technik dient ebenso dem Menschen, wie sie auch die Mittel zu dessen Vernichtung entwickelt.

Die Erhaltung der Art tritt mit steigendem Wohlstand zunehmend in den Hintergrund.

Die scheinbar unerschütterliche Existenz der Ameisen wird höchstens durch den Menschen gefährdet.

Ihr Gesellschaftsmodell ist das Modell des Überlebens. Die Frage lautet:

Sind Ameisen glücklich?

An der Fleischtheke

Zwei Verkäuferinnen im mittleren Alter bedienen. Eine ist gerade frei:
„Guten Tag,was hätten Sie denn gern?"
„Ein Dutzend Siedewürste bitte."
„Wieviel?"
„Ein Dutzend"
Die Verkäuferin blickte mich verständnislos an.
„Ein Dutzend, das sind 3 Stück weniger als ein viertel Schock."
Versuchte ich, nun noch eins draufzusetzen.
Nun mischte sich die andere Verkäuferin ein:
„Sie sind wohl Mathematiklehrer?"
„Nein, ich war nur Schüler, vielleicht etwas vor ihrer Zeit."
Die erste Verkäuferin nahm jetzt allen Mut zusammen und sagte beherzt: „Also 10 Stück?"
„Nein, ein Dutzend, das sind 12 Stück."
Während sie die Würste einpackte und mit dem Etikett versah, meinte die zweite Verkäuferin:
„Kürzlich war eine alte Frau hier und wollte 65g, ich weiß aber nicht mehr wie sie das nannte."
Hier versagte aber nun auch mein Schulwissen, und ich verabschiedete mich.

Meine Frau meinte zu Hause, die alte Frau müsse wohl ein achtel Pfund gemeint haben und hat auf 65g gerundet.

Über den Autor

Jahrgang 1943. Aufgewachsen in Mühlhausen.
Er besuchte hier die Schule. Nach einer Berufsausbildung in der chemischen Industrie absolvierte er die Fachhochschule für Chemie in Fürstenwalde und arbeitete bis zum Renteneintritt in Bereichen der Forschung und Entwicklung.
Neben den Hobbys Modellflug, Schießsport und Fotografie kam 2014 das Schreiben satirischer Texte dazu. Der Autor ist Hundefreund und naturverbunden.

Danksagung

Meine Frau Renate und der Autorenkreis Mühlhausen lernten die satirischen Reime und Texte als erste kennen und kritisch zu bewerten. Beiden sei hier für ihre Einschätzungen gedankt.
Besonders möchte ich mich bei Dr. Yvonne Bauer bedanken. Sie hat nicht nur das Manuskript bearbeitet,sondern auch den Weg zum Druck geebnet.
Wolfgang Tottleben danke ich für die Gestaltung des Covers.

Klappentext

Szenen aus dem Alltagsleben satirisch, humorvoll
und nachdenklich verarbeitet.
Reime und Texte in wechselvoller Gestaltung.